lys
FAXE

82 81 80 4 3 2
Die dänische Originalausgabe
erschien unter dem Titel
„BO DEDREs 100 juleideer“
bei Fogtdals Bogforlag A/S Copenhagen
Ausgearbeitet von: Anker Tiedemann
Verlagsredaktion: Per Gudmundsen


Aus dem Dänischen übertragen und
bearbeitet von Jutta Lammèr, Hamburg

Umschlagentwurf: Graph. Atelier
Otto Maier Verlag
Printed in Italy
ISBN 3-473-37423-7

Jutta Lammèr (Hrsg.)

# Kinder basteln vor Weihnachten

Über 60 Anleitungen
zum Kleben, Malen, Ausschneiden, Nähen,
Häkeln, Schmücken, Binden, Modellieren,
Backen und Naschen
nach Ideen von Anker Tiedemann

Otto Maier Verlag Ravensburg

# Inhalt

# Advents-kalender

Selbstgebastelte Adventskalender mit kleinen Karten oder Päckchen – für jeden Tag eine Überraschung – sind die ersten geheimnisvollen Vorboten des Weihnachtsfestes. Die Päckchen und folglich auch die darin versteckten Gaben sollten möglichst klein sein. Aus den Karten, bunt bemalt oder beklebt, kann man Gutscheine für kleine Hilfeleistungen machen wie: 1 x Fahrradputzen für Vati, 1 x Staubwischen für Mutti. Auf den nächsten Seiten folgen Vorschläge zum Basteln von Adventskalendern, die man Kindern oder Erwachsenen zum 1. Dezember schenken kann.

**Schachtel-Kalender:** Es müssen nicht, wie auf dem Foto, teure Spanschachteln sein, in denen man seine Liebesgaben versteckt. Man kann leere Zündholzschachteln nehmen oder aus Zeichenkarton Kästchen selbst zusammenkleben und bemalen. Runde Schachteln bastelt man so: Leere Papprolle von Alu- oder Frischhaltefolie in Ringe zerteilen (Schere oder Laubsäge nehmen). Für jede Schachtel sind ein 4 cm und ein 2 cm breiter Ring nötig. Beide überklebt man an einem Ende jeweils mit einem runden Stück Zeichenkarton (das sind Boden und

Deckel). Im 2 cm breiten Ring klebt man innen einen 3 cm breiten Kartonstreifen rundherum fest, so hat man einen Deckel, der genau auf die 4 cm hohe Dose paßt. Die Dosen werden bemalt oder beklebt und mit den Zahlen 1 bis 24 versehen.

**Dauerkalender:** Dieser jedes Jahr neu zu verwendende Kalender besteht aus einem Stück Stoff und 24 festgenähten Ringen (Plastik, Metall). Die Seitenkanten des Stoffes sind nach hinten umgebogen und mit Tapetenkleister (nicht Alleskleber nehmen) festgeklebt. Ober- und Unterkante wurden nach hinten um einen Holzstab geschlagen und festgeklebt, damit der Kalender gerade und glatt hängt. An die Ringe, die sehr fest angenäht sein müssen, werden kleine leichte Päckchen gebunden. Den Stoff kann man mit Stoffmalfarbe bemalen oder bedrucken, besticken oder mit ausgeschnittenen farbigen Stoffresten bekleben.

**Keks-Knack-Kalender:** Außer 24 leichten Anhängseln (Karten oder Päckchen) braucht man für diesen Kalender ein Rad (Fahrrad, Roller) oder einen stabilen Ring und 24 runde, feste Kekse. Das Rad wird mit Bastelfarbe angestrichen. Dann befestigt man in gleichen Abständen an Goldfäden die 24 Kekse und an den Keksen die 24 Überraschungen. Man muß dazu in jeden Keks zwei sich gegenüberliegende Löcher einkratzen – ganz langsam, ganz vorsichtig mit einem spitzen Messer oder einer Scherenspitze. Die Kekse auf keinen Fall mit einer Stopfnadel durchstechen, dabei brechen sie sofort auseinander. An jedem Tag wird von dem Besitzer des Kalenders ein Keks geknackt, dabei fällt ihm das Geschenk in den Schoß.

**Angel-Kalender:** Ein großes Glas oder eine Glassschale eignet sich gut als Behälter für 24 bunte Päckchen. Die langen Enden der Verschnürung hängen über den Rand des Gefäßes herunter. Jeden Tag wird an einem Faden-Ende gezogen, und das Päckchen, das sich im Glas bewegt, birgt die Überraschung des Tages.

Hier ein paar Anregungen für kleine Geschenke:

- Glöckchen
- Lebkuchen
- Kerze
- Nikolaus
- Engelchen
- Sterne
- Püppchen
- Spielzeugauto
- Schokolade
- Bonbon
- Taschentuch
- Bleistift
- Radiergummi
- Nüsse

Wichtig ist, daß es kleine Sachen sind, damit das Glas nicht überquillt.

**Mini-Säckchen:** Fleißige können einen ganz besonders hübschen Adventskalender basteln, bei dem die Verpackung, nämlich 24 kleine bestickte Säckchen aus Rupfen oder anderem groben Stoff, die Hauptsache ist. Für größere Kinder, die mit der Maschine nähen können (und dürfen), ist die Arbeit nicht so zeitraubend. Die Säckchen kann man aus verschiedenfarbigen Stoffresten und in unterschiedlichen Größen nähen. Die fertigen Beutel werden zum Beispiel mit Lavendelblüten, wohlriechenden Gewürzen oder Kräuterteesorten gefüllt und an einen Tannenzweig gebunden.

# Begrüßt das Fest mit einem Kranz

Es muß nicht immer ein Adventskranz sein, der, mit vier Kerzen geschmückt, auf dem Tisch steht oder an der Zimmerdecke hängt. Ein Kränzchen aus Tannengrün und Tannenzapfen, vergoldet oder naturfarben, wirkt ganz besonders hübsch, wenn es flach an der Wand, der Tür oder am Fenster hängt, weil man dort viel mehr davon sieht.

**Goldkranz für die Tür:** Aus mehreren Doppelblättern einer Zeitung wird mit den Händen eine Art Wurst zusammengedrückt (nicht rollen, das wird zu starr). Die Wurst biegt man zum Ring, legt Anfang und Ende übereinander und wickelt einen Faden darum. Dieser Unterbau für den Kranz wird mit Goldfarbe angestrichen oder besprüht. Kleine Tannenzweige (auf dem Wochenmarkt nach Abfall fragen) werden zu Büscheln zusammengefaßt, auf den Papierkranz gelegt und durch Umwickeln mit starkem Garn oder dünnem Draht befestigt. Dazwischen steckt man Tannenzapfen und trockene Zweige, die zuvor mit Alleskleber betupft wurden. Wenn nötig, fügt man noch Tannenzweige hinzu, bis alles schön dicht und nichts mehr von dem Papierkranz zu sehen ist. Man kann noch kleine Holzperlen auf Draht aufziehen (Draht oben etwas aufrollen) und sie als Beeren zwischen die Tannen setzen. Zum Schluß wird der Kranz so mit Goldspray besprüht, daß noch das Grün der Zweige und das Braun der Zapfen durchscheint. Das Gold soll nur ein festlicher Hauch sein.

**Kranz mit roten Herzen:** Dieser Kranz wird genau so gemacht wie der Goldkranz, nur nimmt man hier ausschließlich Tannengrün. Die Herzen kann man entweder mit einem Förmchen aus Modelliermasse ausstechen oder frei formen. Man kann sie auch aus Stearin (Kerzenreste) in einer Pappform gießen oder aus Holz mit der Laubsäge aussägen. Auch Kartonherzen, rot bemalt, sehen hübsch aus. Rote Bänder und eine Aufhängeschleife machen den Kranz zu einem rot-grünen Blickfang, der allen Besuchern sagt: hier ist's weihnachtlich-gemütlich.

# Alles zum Anbeißen

Lebkuchengebäck in lustigen Formen mit hübschen Verzierungen ist ein besonderer Schmuck für jeden Adventskranz oder Weihnachtsbaum. Hier siehst du einige Anregungen, die dir auf den Weg zu eigenen Ideen helfen sollen. Allein das Erfinden, Backen und Dekorieren ist ein Adventsspaß für die ganze Familie – vom Prüfen und Probieren ganz zu schweigen . . . Das Rezept für Teig und Glasur steht auf Seite 12.

**Rezept für Lebkuchenteig**
Zutaten: 300 g Honig, 100 g Zukker, 450 g Mehl, je 20 g Zimt, Kardamom und Nelkenpfeffer, 2 Eßlöffel Milch, 1 Messerspitze Backpulver.
Wenn du noch nie gebacken hast, laß dir beim Abwiegen der Zutaten helfen. Zuerst werden Honig und Zucker erwärmt (aber nicht gekocht) und gut miteinander verrührt. Das Backpulver wird mit dem Mehl vermischt und zusammen mit den anderen trockenen Zutaten in die inzwischen abgekühlte Honig-Zucker-Mischung gegeben. Dann kommt die Milch dazu, und alles wird zu einem glatten Teig verknetet. Das ist nicht ganz leicht. Der fertige Teig wird etwa fingerdick auf einer kunststoffbeschichteten Tischplatte ausgerollt. Nun kann man die Figuren entweder aus freier Hand oder nach Pappschablonen mit dem Messer ausschneiden oder Formen aus dem Teig ausstechen. Damit man die einzelnen Teile leichter auf das Backblech transportieren und später wieder abnehmen kann, legt man beim Ausformen des Teiges Alufolie darunter, die man mit auf das Backblech legt. Man kann auch sogenanntes Backtrennpapier aufs Blech legen und die schwierigeren Figuren hier ausformen, damit nichts kaputt geht. Nach dem Backen lassen sich die Lebkuchen leicht abnehmen und das Papier kann, wenn abgekühlt, mehrmals verwendet werden.
Der Backofen wird auf 200 bis 225 Grad vorgeheizt, der Teig 15 bis 20 Minuten darin gebacken und erst vom Blech genommen, wenn das Gebäck abgekühlt ist.

**Zuckerglasur:** Weiße Glasur ist die einfachste Verzierung für Lebkuchen. Man kann sie durch Hinzufügen von Fruchtsirup oder Lebensmittelfarben (erhältlich in Feinkostläden) bunt einfärben. Und so wird sie gemacht: 750 g Puderzucker (Staubzucker) mit drei Eiweiß gut verrühren (Eigelb nicht mitverwenden!). Aus Pergamentpapier oder Alufolie kann man kleine Tüten zusammenrollen, deren Spitzen man abschneidet. In diese Tüte füllt man Zuckerglasur und malt damit Verzierungen auf die Gebäckstücke. Statt der Tüten kann man auch eine Plastikflasche mit langer spitzer Tülle verwenden, wie sie für Maschinenöl oder Leim zu kaufen ist. Liebesperlen, Schokoladenstreusel, Silberkugeln, gehackte Mandeln, Kokosraspeln und vieles mehr auf die noch weiche Glasur gestreut oder hineingedrückt, wirkt sehr hübsch. Auch Glanzbilder kann man mit der Glasur auf die Kuchen kleben.

# Geschenkideen

**Unentbehrlich: Topflappen**
Topflappen müssen praktisch sein, das heißt, keine komplizierten Kunstwerke sondern Ergebnisse sind hier gefragt. Einfache gut gehäkelte Anfasser in hübschen Farben und gefälligen Formen sind genau richtig. Reste aus kräftigem Baumwollgarn und eine Häkelnadel, der Garnstärke entsprechend, sind alles, was man braucht, wenn man Luftmaschen, feste Maschen und Stäbchen häkeln kann. Kannst du's? Dann fange gleich an.

**Der Rosetten-Topflappen** beginnt mit einem Ring aus 4 Luftmaschen. In diesen Ring häkelt man 8 feste Maschen und dann geht es schneckenförmig weiter, immer rundherum. Dabei muß man in jeder Runde Maschen zunehmen, damit sich der Teller nicht wölbt. Bei der ersten Runde sticht man in jede Masche zweimal ein, bei der zweiten und dritten Runde in jede zweite Masche zweimal, bei der vierten Runde in jede dritte Masche zweimal, bei der fünften Runde in jede vierte Masche zweimal und so fort. Zwischendurch mußt du die Maschen einer Runde zählen, denn bei 54 Maschen in der Runde beginnen die sechs Bögen. Jeder Bogen besteht aus: 2 feste Maschen, 1 Halbstäbchen, 1 Stäbchen, 1 Doppelstäbchen, 1 Stäbchen, 1 Halbstäbchen und wieder 2 feste Maschen. So häkelst du die ganze Runde fertig und schneidest den Faden nach einem 10 cm langen Ende (später vernähen) ab. Die nächste Runde wird aus Stäbchenbögen gearbeitet. Beginne mit einer Kettmasche über der festen Masche am Bogenanfang der Vorrunde und arbeite in die feste Masche 2 Stäbchen, in das Halbstäbchen ebenfalls 2 Stäbchen, in die folgenden drei Maschen je 2 Stäbchen, dann wieder in das Halbstäbchen 2 Stäbchen und in die feste Masche 2 Stäbchen. In die folgenden beiden festen Maschen je eine Kettmasche, dann wieder 2 Stäbchen und so fort. Dann folgt die letzte Runde, bei der jeder Bogen mit 3 festen Maschen beginnt, darauf folgen 10 halbe Stäbchen und wieder 3 feste Maschen. Zum Schluß kommt ein Aufhänger aus Luftmaschen, mit doppeltem Faden gehäkelt.

**Der gestreifte Topflappen** aus rotem, weißem und blauem Garn ist eine Anfängerarbeit und rasch gehäkelt. Man häkelt nur feste Maschen in Hin- und Rückreihen, umhäkelt alle vier Kanten mit zwei Runden festen Maschen und bringt einen Luftmaschen-Aufhänger an, den man mit festen Maschen umschürzt.

**Beim Karo-Topflappen** beginnt man mit dem roten Quadrat und häkelt dann in Runden weiter (wie beim Umhäkeln von Kanten). Dabei sticht man jeweils in die Eckmaschen zweimal ein, arbeitet eine Luftmasche und sticht noch zweimal ein, so daß aus jeder Eckmasche 5 Maschen entstehen. Die Ecke wird stets durch die Luftmasche gebildet.

**Eine komische Familie**
Die drei Figuren passen gar nicht recht zusammen, deshalb sollte man sie auch einzeln verschenken. Das rote Kissenmännchen wäre was für Großmamas rechtes Mittagsschlaf-Ohr, die kleine Dame mit den eßbaren Locken könnte Muttis Küchenfenster zieren und das große schwarze Ungeheuer aus dem All wäre ein Freund für den kleinen Bruder.

**Das Kissenmännchen** wird aus einem Stoffrest gemacht. Man schneidet zwei gleichgroße Dreiecke zu und rundet die Ecken ab. Als Gesicht näht man ein rundes Stück Stoff in einer anderen Farbe auf und versieht es mit Augen, Nase und Mund. Man kann hierzu Stoffstückchen und Knöpfe aufnähen (oder Stoffpunkte, die drücken nicht, wenn man darauf liegt). Dann legt man die beiden Dreiecke mit den rechten Seiten aufeinander (das Gesicht ist also

innen) und näht sie an den Kanten rundherum bis auf einen kleinen Schlitz mit dichten Handstichen oder mit der Maschine zu. Durch den Schlitz wendet man die Arbeit, stopft sie mit Schaumstoff-Flocken, Styroporkügelchen, Heu, Holzwolle, Ostergras oder Diolenwatte locker aus und näht den Schlitz zu. Dann näht man zwei schlauchartige Teile für die Arme, die seitlich am Körper befestigt, ausgestopft und dann zugenäht werden. Wer Lust hat, kann aus Wollfäden noch ein paar Haare annähen.

**Das Ungeheuer** wurde aus leeren Konservendosen zusammengeklebt und schwarz angemalt. Man kann natürlich auch Pappkartons und leere Plastikbehälter nehmen. Zum Kleben von Metall nimmt man Zweikomponentenkleber (z. B. Stabilit Express), für Plastik speziellen Plastikkleber und für Karton Alleskleber. Um die Figur standfest zu machen, kann man den unteren Behälter mit Sand füllen und mit einer Pappscheibe abdecken.

**Die kesse Kresse-Dame** ist ein besonders hübsches Geschenk. Man braucht dazu zwei Joghurtbecher, Plastikkleber, Farben sowie eine Packung Kresse-Samen. Die beiden Becher werden mit den Böden gegeneinander geklebt und bemalt (Bastelfarbe). Ist die Farbe trocken, wird der obere Becher mit Blumenerde oder Samenvlies (Samenhandlung) aufgefüllt, gut durchfeuchtet und mit Kresse-Samen besät. Nach wenigen Tagen wachsen der Becher-Dame herrliche eßbare Locken. Achtung: Samen nicht zu früh aussäen, damit er nicht schon vor dem Fest voll auswächst und danach nicht mehr sprießt.

**Etwas für Kleister-Meister**
In Streifen gerissenes Zeitungspapier, das man in dickflüssigen Tapetenkleister getaucht hat, ist ein gutes modellierfähiges Material, mit dem man alle möglichen Formen umkleiden kann. Man braucht aber etwas Geschick dazu, deshalb sollte man zuerst an kleineren Arbeiten Erfahrungen sammeln. Der Unterbau kann aus Flaschen, Kartons, Dosen oder einem Drahtgerüst bestehen.

**Beim Fabeltier** bildet ein Gerippe aus dünnem Draht, der sich leicht mit den Händen biegen läßt, den Kern der Figur. Damit das Papier besser haftet, kann man die Drahtzwischenräume noch durch Spannen von Fäden (Garnreste) verkleinern. Leichter wird die Arbeit, wenn man als erste Lage Toilettenpapier direkt von der Rolle nimmt und das Gerüst damit einwickelt. Die anschließend aufgetragenen kleisterfeuchten Zeitungsstreifen durchfeuchten auch das Toilettenpapier. Alles muß während der Arbeit stets gut an das Gerüst gedrückt werden, jedoch dürfen die Lagen nicht so dick und schwer sein, daß sie es verformen.

**Bunte Rasseln,** wie die beiden hier abgebildeten, kann man aus zwei an den oberen Rändern zusammengeklebten Joghurtbechern basteln, in die zuvor ein paar kleine Steinchen oder Perlen gefüllt wurden. Die Becher rundherum, senkrecht und kreuzweise so mit bekleisterten Zeitungspapierstreifen umkleiden, daß sie nicht mehr zu sehen sind. Das kleisterfeuchte Pappier läßt sich mit den Händen gut modellieren, so daß man Unebenheiten ausgleichen kann. Wenn die Umkleidung ganz durchgetrocknet ist (nicht früher!) malt man sie hübsch an.

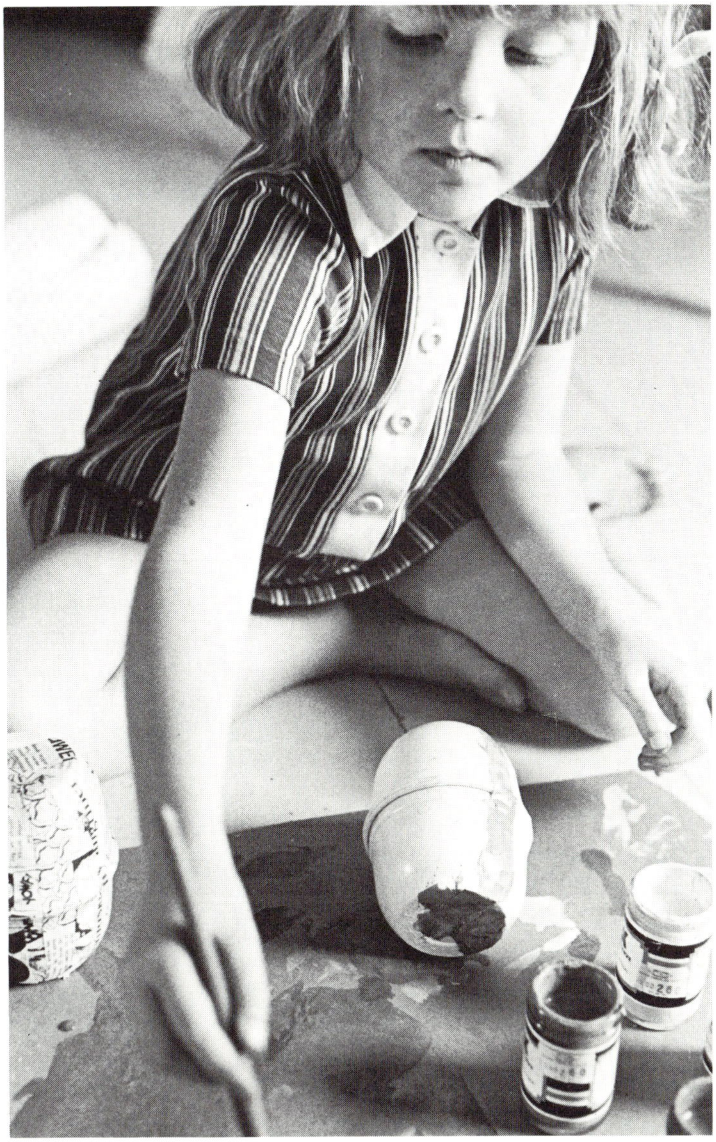

Übrigens: die kleine Eisenbahn auf dem Foto wurde aus Streichholzschachteln und Kartonstückchen gebastelt.

**Bemalte Steine**
Sie sind ein billiges und dekoratives Geschenk. Man kann sie als Briefbeschwerer benutzen oder einfach nur so ins Bücherregal, in die Fensterbank oder an einen anderen gut sichtbaren Platz legen. Suche schöne glatte Steine aus oder solche, die eine ganz besondere Form haben. Zum Bemalen müssen sie sauber und trocken sein. Verwende Deckfarben aus dem Schulmalkasten oder Bastelfarben (z. B. Dispersionsfarben aus dem Ravensburger hobby studio-Programm), die es in Bastelläden gibt. Um die Farben haltbar und glänzend zu machen, kannst du sie entweder mit Klarlack überstreichen oder einfach farbloses Bohnerwachs auftragen. Mattglänzend werden Dispersionsfarben, wenn man sie nach dem vollständigen Durchtrocknen mit einem weichen Tuch abreibt.

# Weihnachts-dekorationen

**Zwergenparade**
Hier und auf den folgenden Seiten findest du eine Auswahl von kleinen Zwergen, die du alle ohne Schwierigkeiten mit wenig Zutaten nachbasteln kannst. In Dänemark gehören solche niedlichen Kerlchen zum Weihnachtsfest wie bei uns Weihnachtsmann und Weihnachtsengel. Man nennt sie dort „Nisse".

**Den lustigen Zwerg** unten können schon ganz kleine Kinder basteln. Ein größeres Quadrat aus grobem Stoff, dessen Fäden sich leicht herausziehen lassen, wird rundherum ausgefranst. Die seitlichen Fransen werden zu Armen zusammengebunden (man kann sie auch flechten), die unteren zu Beinen und die oberen zu einer Zipfelmütze. Das Gesicht kann man mit Filzstiften aufmalen oder aus Stoff- oder Papierteilchen aufkleben. Solche Männchen in verschiedenen Größen sind ein lustiger Tannenbaumschmuck.

**Der Waldzwerg** (Seite 19 links) sieht ein bißchen grimmig aus. Zwei Tannenzapfen, zwei Haselnüsse, eine Eichel, eine Walnußschale, etwas Baumrinde, Filz- und Fellreste braucht man, um ihn nachzubasteln. Außerdem für Arme und Beine etwas Sisalkordel mit Drahtdocht oder Pfeifenreiniger. Wie man die Teile zusammensetzt, geht aus dem Foto hervor.

**Der Kugelzwerg** (Seite 19 rechts) wird aus einem kurzen dicken Tannenzapfen gebastelt. Nase und Augen bestehen aus kleinen Korkstückchen, die einfach in den Zapfen geklemmt werden. Die Mütze fertigt man aus Filz oder anderem roten Stoff an, der nach dem Schnittmuster (Seite 19 unten) zugeschnitten und aus drei Teilen zusammengeklebt wird.

**Der Tütenzwerg** wird aus einem Kartonkegel gemacht. Man schneidet dazu einen großen Halbkreis aus Zeichenkarton und klebt ihn zu einer Tüte. Die Bemalung kann man schon vor dem Zusammenkleben ausführen, jedoch muß man dann das mittlere Drittel für das Gesicht markieren. Die Nase kann aus einem Stück Spanholz, Kork, einer Holzperle oder zusammengeknülltem Papier gemacht werden. Die Zipfelmütze wird aus rotem Stoff oder Krepp-Papier hergestellt. Der Zwerg eignet sich gut als Tischkarte. Man kann auch ein Mini-Geschenk unter seinem Mantel verbergen.

**Der Küchenzwerg** besteht aus drei zusammengebundenen Kochlöffeln. Sein Kittel aus rotem Stoff wird einfach um die Löffel gewickelt und festgebunden. Aus einem kleinen weißen Stoffstück kann man noch eine Schürze schneiden. Damit man die Löffel später auch zum Kochen verwenden kann, wird das Gesicht nicht aufgemalt, sondern aus Buntpapierstückchen aufgeklebt. Die rote Mütze wird vorn an der Innenkante mit Wollfransen beklebt, das sind die Haare.

**Der Serviettenzwerg** entsteht aus einer Papprolle mit aufgemaltem Gesicht und Korknase. Die rote Mütze wird aus Filz zugeschnitten und festgeklebt. Um das untere Ende der Papprolle wird eine feine, weiße Serviette so gebunden, daß sie wie ein Bart wirkt. Eine hübsche Tischdekoration für den Adventskaffee (statt der Serviette kann man auch Watte nehmen).

**Der Topfzwerg** verdankt sein Dasein zwei Blumentöpfen aus Ton, die mit den Bodenseiten zusammengeklebt wurden. Für die Nase kann man ein Korkstück nehmen, es sieht aber auch gut aus, wenn man Augen und Nase aus Tonscherben aufklebt. Augenbrauen und Bart werden aus Watte gemacht. Den oberen Topf füllt man mit Erde und steckt kleine Tannenzweige hinein.

**Der Bierzwerg** kann nur stehen, wenn er Bier im Bauch hat, denn sein Körper wird durch eine Flasche dargestellt. Der Kopf besteht aus einer kleinen Kokosnuß (oder einer braun angemalten Styroporkugel). Nase und Ohren sind Korkstückchen. Die Augen werden aufgemalt oder -geklebt. Für den Kittel schneidet man einen etwa 15 bis 20 cm breiten und etwa 30 cm langen Stoffstreifen zu und rafft ihn entlang einer Kante mit Stickgarn durch einfache Heftstiche. Zwischen die entstandenen Fältchen klebt man den Kopf, dem man noch einen Bart aus Filz oder Papier ansetzt. Die Mütze wird genau so gemacht wie die vom Kugelzwerg.

**Zwergenfamilie.** Das Material für die Zwergenfamilie hat jeder im Haus: Pappkartons, Zeitungspapier, einen Eierkarton, etwas Watte und Wollreste, Papierkleber und rote Farbe (Bastelfarbe oder Deckfarbe aus dem Schulmalkasten). Zuerst umkleidet man die Kartons mit Zeitungspapier. Wer Tapetenkleister im Haus hat, kann auch eine Umkleidung aus Pappmaché machen, wie bei den Figuren auf Seite 16/17. Während die Umkleidung trocknet, kann man schon aus Papier die Mützen zusammenkleben und rot anmalen. Augen schneidet man aus weißem und schwarzem Papier (Zeitschrift o. ä.) aus. Die Nasen werden aus den Zwischenraum-Spitzen des Eierkartons gemacht, die man auf die getrocknete Umkleidung klebt. Große Füße schneidet man aus einem Kartondeckel aus und klebt sie unter die Figuren. Hat man alles rot angemalt, bekommen die Zwergenmänner Bärte aus Watte, die Zwergenfrau kriegt Wollhaare. Will man die Figuren noch mit farblosem Lack anstreichen, so macht man das vor dem Festkleben von Bärten und Haaren.

**Marzipan-Apfelsinen**
Es macht Spaß, aus weißer Marzipanmasse (Rohmarzipan) selbst Früchte zu formen. Hier sind es kleine Apfelsinen. Man rollt zuerst das Marzipan mit ganz sauberen Händen zu Kugeln, drückt dann mit einem Hölzchen die für Apfelsinenschalen typischen Poren ein und malt sie mit Lebensmittelfarbe (Feinkostladen) an. Mit Seidenbändchen werden die fertigen Früchte an einen Zweig gehängt. Man kann auch Birnen oder Äpfel formen.

**Ungewöhnliche Kerzenhalter**
Es müssen nicht immer gekaufte Halter sein, in die man Adventskerzen steckt. Sieh dich einmal um im Haus, im Keller oder in einer Werkstatt, ob du nicht einen geeigneten Untersatz findest. Vielleicht hast du Räder von einem kaputten Spielzeugwagen? Schraubenmuttern kann man nehmen, Dosendeckel, einen Ziegelstein und vieles mehr. Gereinigt und hübsch bemalt ergeben all diese alltäglichen Dinge Kerzenhalter, die nicht alltäglich sind. Achte aber darauf, daß die Standfläche groß genug ist, damit die Kerze nicht umfällt und einen Brand verursacht.

**Eiskristalle**

Die zarten Papierrosetten hängen an weißen Garnfäden und schmücken einen rot angemalten Zweig. Damit sie nicht bei jedem Luftzug herumwirbeln, wurde ein kleiner Ring aus Peddigrohr dahintergeklebt. Auch Ringe aus Bast oder Stroh gewunden oder Reifen aus kleinen Tannenzweigen können hübsch aussehen. Als Träger dient ein trockener Zweig aus dem Garten oder aus einem Park, den man mit Bastelfarbe rot anmalt. Man stellt ihn in ein sandgefülltes Gefäß, damit er Halt hat. Wer Kerzenhalter mit Kugelgelenken hat, so daß man die Kerzen gut senkrecht ausrichten kann, befestigt sie an dem roten Zweig. Er sieht aber auch ohne Kerzen sehr dekorativ aus. (Wie Papierrosetten ausgeschnitten werden, steht auf Seite 31.)

**Verzierte Kerzen**

Gerade zu Weihnachten, dem Fest des Lichtes, sind Kerzen von ganz besonderer Bedeutung. Einerseits als Symbol des Lichtes, andererseits weil sie eine festliche, besinnliche und gemütliche Atmosphäre schaffen. In Geschäften findet man ein großes Angebot an Kerzen in verschiedensten Formen, Farben und Größen. Da aber gerade die verzierten Kerzen recht teuer sind, hier einige Anregungen, wie man eine einfache, billige Kerze hübsch verzieren kann:

In Bastelläden sind beispielsweise Wachsfolien in vielen leuchtenden Farben erhältlich, die eine Stärke von weniger als 1 mm haben und aus einer gut knetbaren Wachsmischung bestehen. Mit Hilfe eines kleinen Messers (besser noch Federmesser) oder eines Modellierholzes kann man Motive ausschneiden oder formen und mit Klebwachs an der Kerze befestigen. Wer etwas Geduld und Geschick besitzt, kann die hier vorgezeichneten Figuren abpausen, aus farbigem Transparentpapier ausschneiden und auf weiße Kerzen kleben. Einzelne so verzierte Kerzen sind ein schöner Weihnachtsschmuck, und mit mehreren kann man eine Weihnachtskrippe besonderer Art darstellen.

# Weihnachtsfenster

Es ist ein alter Brauch, im Advent die Fenster festlich zu schmükken. Es müssen aber nicht immer Strohsterne, Wachsfiguren oder bunte Kugeln sein, die etwas Farbe in die winterliche Umgebung bringen. Hier folgen einige Vorschläge, wie man mit Seidenpapier Weihnachtsfenster zaubern kann.

**Herzdekorationen**
Auf den beiden Fotos unten siehst du, wie verschieden ein Transparentbild bei Tag und in der Dunkelheit wirkt. Der zartlila Untergrund erscheint durch das Tageslicht fast weiß, und die orangefarbenen Herzen, die über den roten kleben, wirken auch ganz hell. Am dunklen Fenster sieht man, wie die Farben und Herzen angeordnet sind – kaum zu glauben, daß es sich um denselben Stern handelt, nicht? Die Zuschnittschablonen für die verschiedenen Herzgrößen und die Bastelanleitung findest du auf Seite 30.

**Transparentbilder** (Foto rechts)
Man klebt (mit Klebestift oder Papierkleister) auf weißes Seiden- oder Drachenpapier Figuren aus farbigem durchsichtigem Papier, so daß die farbigen Papiere sich stellenweise überdecken und einen weiteren Farbton ergeben. Probiere die Wirkung vor dem Aufkleben durch Verschieben der Papiermotive erst aus. Als Halt bekommt das Bild aus vier Kartonstreifen einen Rahmen, den man dunkel anmalt, damit sich das Bild gut abhebt. An dünnen Fäden wird es ins Fenster gehängt (Tesafilm verwenden, nicht annageln).

**Bastelanleitung zu „Herzdekorationen"** von Seite 28
Nach der Schablone (hier ist nur die Hälfte gezeigt, die man zu ganzen Herzen ergänzen muß) schneidet man aus Seidenpapier 6 große rote Herzen, 6 mittlere orangefarbene, 6 kleine rote und 6 ganz kleine violette Herzen aus. Zuerst legt man die roten Herzen zu einem Kranz so zusammen, daß sie alle etwa ½ cm Abstand voneinander haben und die jeweils sich gegenüberliegenden Spitzen, die zur Mitte zeigen, 12 cm voneinander entfernt sind. Danach werden die orangefarbenen Herzen jeweils zwischen und auf die roten Herzen geklebt, und zwar so, daß die orangefarbenen Spitzen immer zwischen zwei roten Spitzen sitzen. Sie sollen jedoch den gleichen Abstand zu den jeweils gegenüberliegenden Spitzen haben, nämlich 12 cm. Die roten Herzbögen stehen oben also über. Die kleinen roten Herzen bilden ebenfalls einen Kreis. An beiden Seiten treffen sie sich jeweils auf den Spitzen der orangefarbenen Herzen, wo sie festgeklebt werden. Die violetten Herzen werden zwischen die roten Herzen am Außenrand geklebt und zwar so, daß deren Spitzen nach außen zeigen. Damit die Rosette einen besseren Halt hat, kann man aus weißem oder zartviolettem Papier ein rundes Stück dahinterkleben, das an den Kanten aber nicht hervorschauen darf. Zum Schluß kann man die Herzdekoration noch mit kleinen Fransenbüscheln aus Goldpapier oder mit Goldsternen verzieren.

**Bastelanleitung zu „Wintersonne"** von Seite 33
Sie besteht aus drei Lagen Seidenpapier, die auf einer dünnen weißen Kartonscheibe von 40 cm Durchmesser kleben. Man kann nun die ganze Sonne aus einem zusammengefalteten Stück Seidenpapier ausschneiden oder den Mittelkreis für sich und dann einen Strahlenkranz oder lauter einzelne Strahlen.
Das Gesicht der roten Sonne wird nach der Schablone von Seite 30 zugeschnitten. Die Abbildung zeigt nur eine Gesichtshälfte. Vergiß nicht, den dabei herausfallenden Teil des Mundes wieder einzukleben. Auf die rote Sonne kommt eine goldgelbe, deren Strahlen zwischen den roten sitzen sollten. Nun kann man noch eine Lage aus rotem oder orangefarbenem Seidenpapier aufkleben, aber die Sonne sieht auch mit nur zwei Papierlagen schön aus.

**Faltrosetten**
Man schneidet sie aus einem Stück Seidenpapier, das doppelt oder mehrfach zusammengefaltet ist. Durch Ausschneiden von Halbbögen, Dreiecken, halben Herzen, Zacken und Streifen hat man nach dem Auseinanderfalten ein hübsches Muster, das sich auf allen gefalteten Teilen wiederholt. Wer kennt das nicht schon . . Die beiden Rosetten auf den Fotos stammen aus der Heimat solcher Scherenschnitte – nämlich aus Polen. Dort arbeitet man mit großen scharfen Scheren durch viele Papierlagen zugleich. Verschiedene Seidenpapierschnitte aufeinandergeklebt ergeben hübsche Lichteffekte. Mit winzigen Tupfern Papierkleber befestigt man die Rosetten direkt an der Fensterscheibe.

**Seidenpapier-Gardinen**
Unten kannst du die Wirkung derselben Papiergardinen bei Tages- und bei Kerzenlicht sehen. Aus zartviolettem Seidenpapier – hier sind es vier Stücke – werden einfache Formen als Muster herausgeschnitten. Dabei wird jede Papierbahn zweimal in Längsrichtung gefaltet, so daß vier Lagen entstehen. Einige der herausgeschnittenen Teilchen (Karo, Herz und Stern) können noch mit einem Nähfaden unten an jede Gardine geklebt werden. Der Faden liegt dabei zwischen jeweils zwei gleichen, aufeinandergeklebten Motiven. Die Papiergardine kann man mit Klebstreifen am Fensterrahmen befestigen. Ist das Fenster größer als ein Papierbogen, kannst du mehrere Bögen aneinanderkleben.

Rechts: **„Wintersonne“**
Bastelanleitung Seite 30/31

# Goldene Metallfolie

Weihnachten verbindet man immer mit Glanz und Strahlen. Was strahlt mehr als goldene Metallfolie? Es gibt sie in vielen Qualitäten und Ausführungen, und man kann Metallfolien auch in Silber oder anderen Farben bekommen. Vorsicht, die dickste und stabilste Ausführung von Metallfolie ist oft richtiges dünnes Blech und sehr scharf! Für kleinere Bastler eignet sich besser eine weichere Folie

oder Goldpapier. Es gibt auch sehr blanke Goldfolie, die selbstklebend ist, wenn man das Schutzpapier abzieht.

Auf den Abbildungen unten siehst du die Kronen von Kaspar, Melchior und Balthasar – die Heiligen Drei Könige – als strahlende Dekoration für die Adventszeit oder den Dreikönigs-Abend. Daneben einen leuchtenden Engel, wohl das weihnachtlichste Symbol – außer dem Christkind natürlich – das man sich vorstellen kann. Wie man die Sachen anfertigt, wird auf Seite 36 beschrieben.

**Bastelanleitung zu „Heilige Drei Könige“** (Seite 34/35)
Man braucht drei dicke, standfeste Kerzen und für jede Kerze ein Stück Goldfolie, das man zu einem weiten Zylinder zusammenklebt. Dieser muß etwas höher als die Kerze sein. Bevor man den Zylinder zusammenklebt, wird er an der oberen Kante fatasievoll ausgeschnitten, so daß der Rand wie eine Krone wirkt. Unterhalb der Krone kann man ein Lochmuster anordnen. Gut, wenn man dazu ein Locheisen hat (Eisenwarenladen). Man legt die Folie auf eine dicke Unterlage, setzt das Locheisen darauf und klopft jedesmal mit dem Hammer auf den Schaft. Sonst muß man die Löcher mit einem Nagel einstechen und von außen nach innen mit einem Bleistift nachbohren. Kleine Quadrate zeichnet man am besten erst auf. Dann sticht man in die Mitte des Feldes ein Loch, schneidet von hier aus jeweils zu den vier Ecken und dann die einzelnen Dreiecke heraus. Die fertigen Zylinder werden über die brennenden Kerzen gestülpt.

**Bastelanleitung zu „Strahlender Engel“** (Seite 35)
Der Engel besteht aus einem kegelförmigen Körper, dem Kopf und Glorienschein aufgesetzt werden (Schnittmuster Seite 37). Nach dem Muster schneidet man zuerst Kopf (A) und Glorienschein (B) aus. Damit der Steg des Glorienscheins versteift wird, biegt man die rechte und die linke Kante entlang der gestrichelten senkrechten Linien (b) nach hinten um. Den Körper schneidet man so halbkreisförmig aus, wie auf der Zeichnung zu sehen. Nachdem man den Rock am unteren Teil durch Ausschneiden oder Eindrücken eines Musters verziert hat, schiebt man die drei Laschen (d) links in die Schlitze (d) auf der rechten Seite und klebt sie fest. Nun wird der Kopf in die Einschnitte (a) am Körper geschoben und mit einem Tupfer Klebestoff befestigt. Den Glorienschein klebt man in die gebogenen Ausschnitte (b). Den Kopf des Engels biegt man schräg über die Öffnung im Körper, so daß er von der Kerze angestrahlt wird. Zum Beleuchten nimmt man ein kleines Teelicht, keine größere Kerze!

**Bastelanleitung zu „Goldener Faltstern“** (Seite 38)
Ein 40 x 86 cm großes Stück Metallfolie oder Goldfolie (beidseitig beschichtet) wird wie eine Ziehharmonika in 2 cm breite Falten gelegt, und zwar entlang der 86 cm langen Kante. Zeichnung 1 (Seite 37) zeigt den Vorgang. Nun werden die Falten an den beiden Endseiten auf ähnliche Weise eingeschnitten, wie auf Zeichnung 2 zu sehen ist. Das gefaltete und verzierte Bündel wird anschließend genau in der Mitte mit Nadel und doppeltem Faden wie folgt durchnäht: einmal durch die Mitte, Faden um die linke Außenkante, wieder durch die Mitte und um die rechte Außenkante. Nach dem Durchnähen festziehen und Anfang und Ende des Fadens gut verknoten, wie auf Zeichnung 3. Nun zieht man erst auf der einen, dann auf der anderen Seite die Fächerfalten zu einem Stern auseinander und klebt die Längskanten an den Öffnungen zusammen. Bis der Kleber getrocknet ist, sichert man die Klebstellen mit Büro- oder Wäscheklammern. (Auf Seite 42 findest du eine größere, genaue Zeichnung zu einem ähnlichen Faltstern.)

**Bastelanleitung zu „Goldener Kalender“** (Seite 39)
Man nimmt ein großes Stück Pergament-, Transparent- oder dünnes Zeichenpapier und teilt es in 24 gleiche quadratische Felder auf. Die Felder begrenzt man durch senkrecht und waagrecht aufgeklebte Goldstreifen. Auch die Umrahmung des Ganzen macht man aus gleichbreiten Goldpapierstreifen. Nun schneidet man für jedes der 24 Felder aus rotem, gelbem und orangefarbenem Seidenpapier weihnachtliche Motive (oder Mini-Weihnachtsgeschenke) aus und klebt sie in die Felder. Sparsam mit dem Papierkleber umgehen! Danach schneidet man aus Goldfolie oder Goldpapier, das man auf Karton klebt, 24 runde Stücke, die so groß sein müssen, daß sie die Quadrate abdecken. Mit einem Goldstreifen, der als Scharnier dient, werden sie jeweils an dem linken Streifen neben den bunten Feldern festgeklebt, so daß sie sich wie Fenster öffnen lassen. Zuerst sind alle Felder mit Goldkreisen überdeckt. Jeden Tag wird eines geöffnet, und immer mehr leuchtende Bilder kommen zum Vorschein. Es ist selbstverständlich, daß der Kalender am Fenster oder vor einer anderen Lichtquelle hängen muß.

## „Strahlender Engel“

## „Goldener Faltstern“

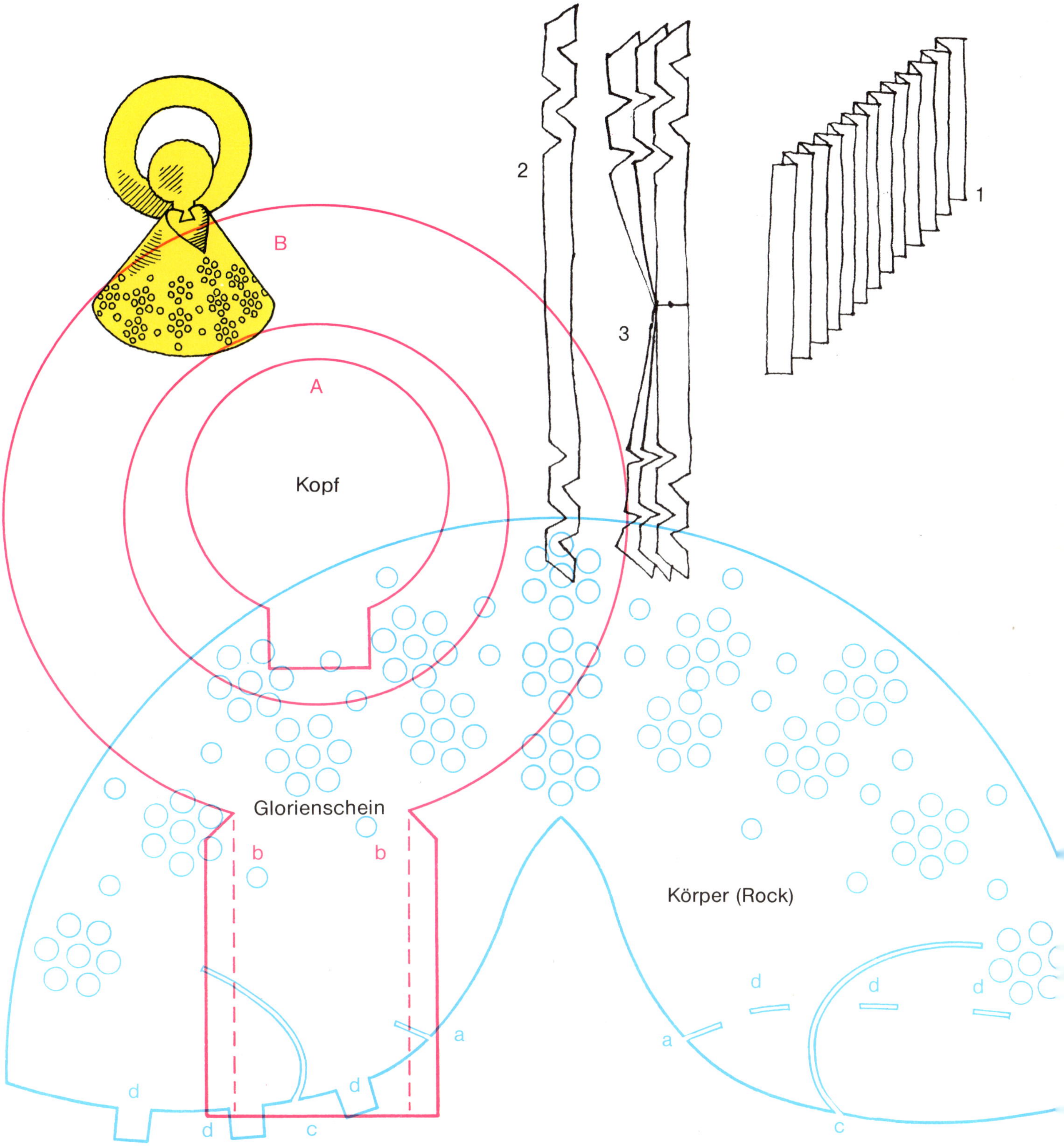

**Goldener Faltstern**
Solch ein großer strahlender Stern wie auf der Abbildung unten, ist ein Schmuck für jede Wohnung, ganz gleich, ob er an Fenster oder Tür, frei im Raum oder in einer Ecke hängt. Man kann ihn auch mit Draht an der Spitze des Weihnachtsbaumes befestigen. Die Bastelanleitung findest du auf Seite 36.

**Goldener Kalender**
Bei diesem Kalender (Abbildung rechts) kann man die Reihenfolge beim Öffnen der Fenster selbst bestimmen, da keine Daten darauf verzeichnet sind. Die Bastelanleitung steht auf Seite 36.

# Der Weihnachtsbaum mit seinem Schmuck

Der Weihnachtsbaum bildet den Mittelpunkt des Festes. Jede Familie hat ihren eigenen unverwechselbaren Baum, der sich durch Farben, Schmuck und Kerzen von anderen unterscheidet. Mancher Schmuck kehrt alljährlich wieder, manche Stücke werden neu hinzugekauft, wieder andere haben nur ein kurzes Leben, weil sie eßbar sind. Am schönsten ist seit jeher selbstgebastelter Baumschmuck, denn das Basteln allein versetzt einen schon in Feststimmung. Auf den nächsten Seiten gibt es viele Anregungen für Baumschmuck aus eigener Werkstatt.

**Weihnachtsbaum mit Goldstern, Herzkörbchen und eßbarem Schmuck**
Wer hätte nicht Freude an solch einem fröhlichen, bunten Baum wie auf dem Foto rechts. Die eßbaren Anhängsel sind aus Lebkuchenteig gebacken. Das Rezept dazu steht auf Seite 12, Vorschläge für Figuren und Verzierungen findest du auf den Seiten 10/11 und 52.Wie man den Goldstern bastelt, siehst du auf Seite 42, die Bastelanleitungen zu den Herzkörbchen und Flechtherzen stehen auf Seite 43.

**Die Himmelsleiter** (links)
Die Himmelsleiter sieht am festlichsten aus, wenn sie aus Goldmaterial gebastelt wird. Die Anleitung dazu findest du auf Seite 42.

**Bastelanleitung zu „Goldstern“** (Seite 41)
Schneide ein 20 x 50 cm großes Stück doppelseitiges Goldpapier aus und falte es ziehharmonikaförmig. Schneide Formen aus und durchnähe die Mitte. Ziehe die Falten wie einen Fächer auseinander und klebe die Kanten zusammen. (Siehe auch Beschreibung „Faltstern“ Seite 36.)

**Bastelanleitung zu „Himmelsleiter“** (Seite 40)
Man kann sie aus Folie, Metall oder Goldpapier, aber auch aus jedem anderen Papier herstellen. Die Methode ist uralt und ganz einfach. Man faltet ein 40 x 9 cm großes Stück in drei 3 cm tiefe Falten, wie auf der Zeichnung unten zu sehen. Den zusammengefalteten Papierstreifen schneidet man abwechselnd von der linken und von der rechten Kante etwa 2,5 cm weit ein. Die Einschnitte sollen einen Abstand von 1 cm haben. Faltet man das Papier vorsichtig auseinander, entsteht die Himmelsleiter. Probiere es am besten zuerst mit einem Stück Zeitungspapier aus, bevor du gutes Papier zerschneidest.

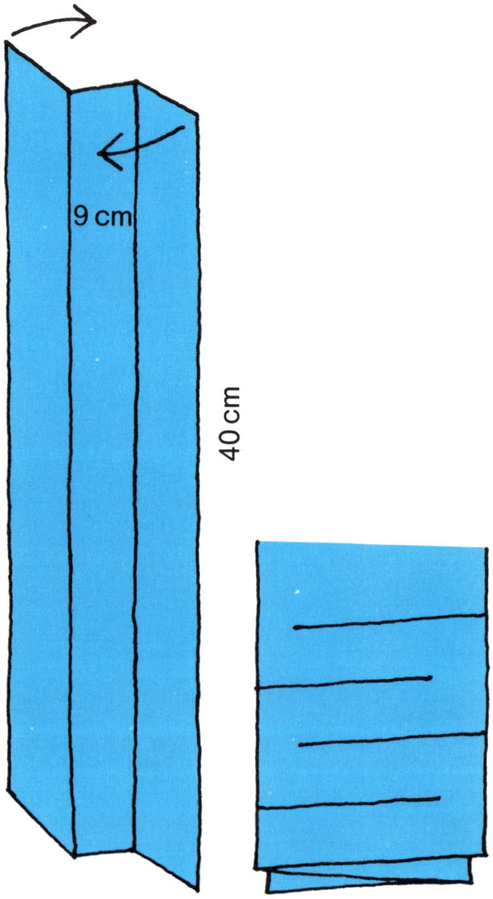

**Bastelanleitung zu „Herzkörbchen" und „Flechtherz"** (Seite 41)

Herzkörbchen: Nach dem Muster unten fertigt man eine Papierschablone an. Der Schnitt ist ganz einfach, wenn man genau hinsieht. Grundform sind zwei Quadrate mit je einem Halbkreis an der oberen und seitlichen Kante, getrennt durch ein Rechteck (Hälfte des Quadrats) mit einer kleinen Kleblasche. Das gleiche Rechteck mit Kleblasche sitzt noch einmal an der Unterkante des rechten Quadrats. Man schneidet Pappe dem Schnittmuster entsprechend zu, ritzt die Pappe an den dick markierten Linien ein, biegt die Teile zur Rückseite um und klebt die Schmalseite des unteren Rechtecks an die kleine Lasche, die lange Lasche an die untere Kante des linken Herzteils. Aus einem schmalen Kartonstreifen wird zum Schluß der Henkel angeklebt.

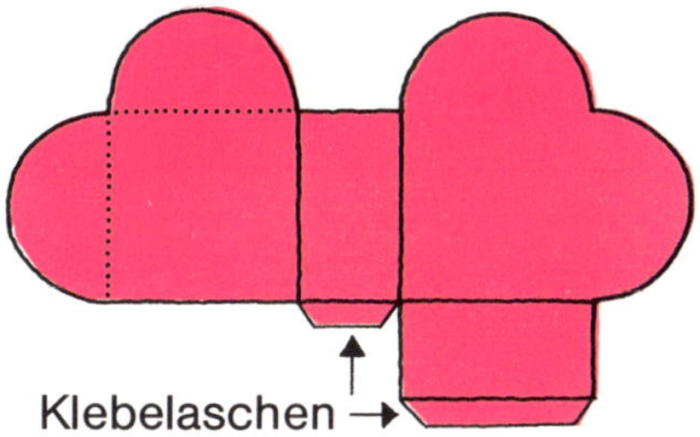

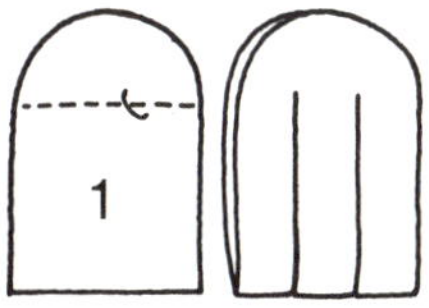


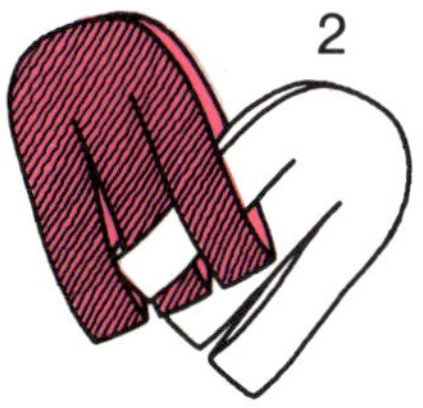


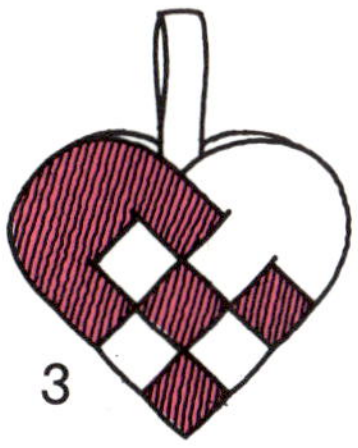


**Flechtherz:** Zwei 6 x 18 cm lange Streifen aus zwei verschiedenfarbenen Buntpapieren oder Kartons werden der Länge nach in der Mitte gefaltet. Die beiden Schmalkanten werden so im Bogen ausgeschnitten, wie auf der Zeichnung 1 zu sehen ist. Dann schneidet man von der Bruchkante (gefalzte Stelle) beide Teile zweimal ein, so daß drei 2 cm breite Streifen entstehen. Diese Teile schiebt man nun so ineinander, wie auf der Abbildung 2 zu sehen ist. Dadurch entsteht ein Geflecht wie auf Zeichnung 3, das man an den Kreuzungspunkten mit einem Tupfer Kleber sichert. Zum Schluß wird aus einem doppelten Streifen ein Aufhänger festgeklebt.

**Dreifacher Weihnachtsstern**
Er kann aus jeder Art von Karton hergestellt werden. Am besten sieht er aus, wenn die Oberfläche blank ist. Man könnte farbiges Glanzpapier auf weißen Karton aufkleben, um diese Wirkung zu erzielen, oder kräftigen Karton anstreichen und lackieren. Der Stern besteht aus einem Quadrat-Rahmen und zwei vierzackigen Sternteilen, die versetzt angeordnet auf die Unter-und Oberseite des Quadrates geklebt werden. Die Zeichnungen zeigen einmal die beiden Schnitt-Teile in Originalgröße und dann das Schema zum Zusammenkleben.

**Bastelanleitung zu „Kleiner Engel“** (Seite 45)
Für diesen Papierengel braucht man eine Papierkugel von etwa 2 cm Durchmesser, weißen Zeichenkarton, Reste von Goldpapier, Goldbindfaden und Papierkleber sowie ein Zündholz und Filzschreiber in Rot und Schwarz oder Blau.
Flügel (an der gestrichelten Linie den zweiten Flügel ansetzen), zwei Arme und den Körper nach dem Schnittmuster unten aus Karton ausschneiden. Körper zu einer Tüte rollen und an der Klebelasche zusammenkleben.
Flügel hinten auf die Klebenaht setzen. Arme vorn so ankleben, daß die schmalen Kanten etwas vom Körper abstehen, jedoch zusammenstoßen. Auf die Papierkugel ein Gesicht malen, aus Goldfäden Haare ankleben, und den Glorienschein aus einem Goldpapierkreis von 3 cm Durchmesser schneiden und am Hinterkopf befestigen. Die Hälfte des Streichholzes als Hals in die Papierkugel schieben, das andere Ende in die Öffnung an der Körperspitze kleben. 5 kleine Goldsterne als Blüten ausschneiden, ein Sternchen an den Haaransatz kleben. Für die anderen Sternchen aus Karton kleine Stengel schneiden, Sternblüten daran festkleben und das Sträußchen innen mit den Handgelenken verkleben. Nun kann man noch vorn ein paar Blättchen vor den Strauß kleben. Der Engel hängt an einer Goldfadenschlaufe, die man an den Hinterkopf klebt.

**Bastelanleitung zu „Spitztüten“**
(Seite 45)
Hier drei Variationen:
A) Klebt man bei einem Quadrat, das auf der Spitze steht, die beiden unteren Schrägkanten ein wenig übereinander, entsteht eine Tüte, deren oberer Rand in einer Spitze ausläuft.
B) Klebt man bei einem Viertelkreis die beiden geraden Kanten übereinander, verläuft der obere Tütenrand gerade.
C) Geht man vom Kreis aus, werden die gegeneinander gerollten Rundungen so weit übereinander geklebt, daß sich unten eine Spitze ergibt. Der obere Tütenrand verläuft dann im Bogen.
Die Zeichnungen zeigen, wie die verschiedenen Tütenformen aussehen und wie man die Aufhängeschlaufe ankleben kann.

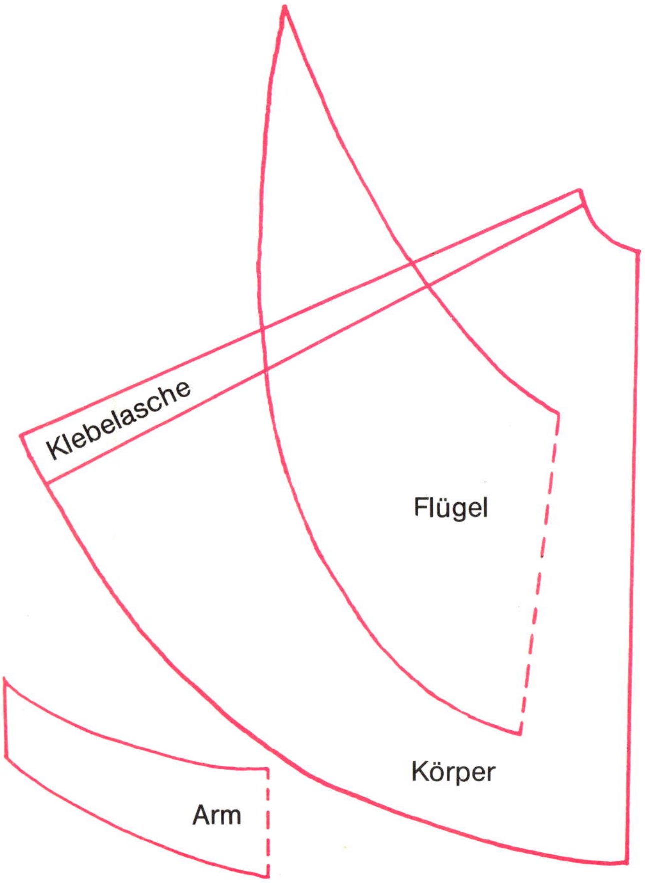


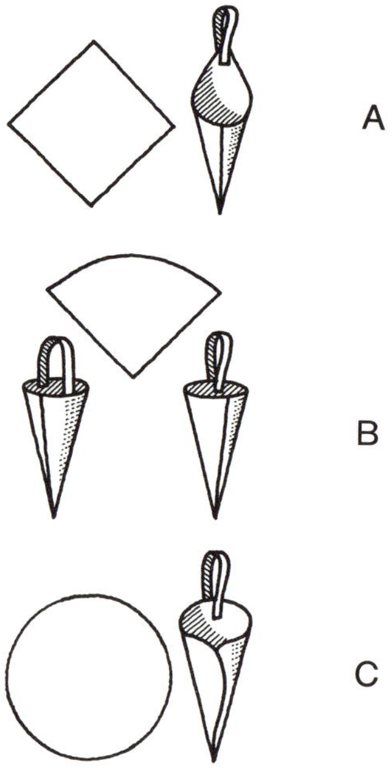

**Bäumchen mit Spitzentüten und Engelchen** (Foto Seite 45)
Das Bäumchen steht auf einem runden Papiertischtuch, um dessen Rand kleine Scherenschnitt-Rosetten aus dünnem Goldpapier geklebt wurden. Wer keine so kunstvolle Rosetten zustande bringt, kann auch verschiedengroße Sterne ausschneiden. Die Spitztüten sind ein Schmuck, der in den nordischen Ländern zu jedem Weihnachtsfest gehört, ähnlich wie bei uns der bunte Teller. In den Tüten befinden sich kleine Naschereien. Der kleine Engel im Vordergrund wurde aus einer Papierkugel, Zeichenpapier, Goldfolie und Goldfäden gebastelt. Die weiße Kugelkette besteht aus Papierkügelchen (Bastelladen), die einfach auf einen Goldfaden aufgereiht wurden. Vor und hinter jeder Kugel sitzt ein Knoten. Wie man die Spitztüten und Engel bastelt, steht auf Seite 44.

**Tannenbaumspitze**
Ein weißer Stern an der Tannenbaumspitze ist mal etwas ganz anderes. Man bastelt ihn aus Kartonstreifen, die man zu Schlaufen biegt und zusammenklebt, so daß Halbrosetten entstehen. Dann rollt man aus einem ausreichend breiten Kartonstück eine Röhre, die gut über die Baumspitze paßt, und klebt die Rosettenteile rundherum fest. Die Röhrenspitze wird mit einem weißen Hütchen abgedeckt.

**Mausetreppen**
Die wippenden Anhängsel auf dem Foto unten kann jedes Kind falten. Manchmal hat man es aber auch schon wieder vergessen. Auf Seite 50 gibt's Nachhilfeunterricht im Mausetreppenfalten.

**Der blaue Vogel**
Der hier so dekorativ zwischen den grünen Kugeln hängende Vogel wird aus blauem Karton gebastelt. Man kann auch weißen Karton anmalen. Zuerst zeichnet man die Umrisse des Vogelkörpers auf den Karton und schneidet ihn aus. Etwa 2 cm unterhalb der waagrechten Rückenlinie schneidet man einen waagrechten Schlitz (am besten mit einem Messer). Durch diesen Schlitz steckt man ein Stück blaues Papier, das man zuvor in Ziehharmonikafalten gelegt hat. Auf beiden Seiten des Schlitzes zieht man die Falten weit zu Flügeln auseinander. Als Augen kann man Goldplättchen aufkleben oder aufmalen. Der Vogel hängt an einem blauen Band.

**Die kleine Goldkugel**
Hierfür wurde einfach eine Walnuß vergoldet. Man kann sie mit goldener Bastelfarbe anmalen oder mit Goldspray aus der Dose besprühen. Das rote Aufhängeband wird festgeklebt und mit einem Sternchen an der Klebstelle verziert. Hat man einen größeren Weihnachtsbaum, wirkt es noch besser, wenn man jeweils drei vergoldete Walnüsse mit verschiedenlangen Bändchen versieht und deren Enden verknotet, so daß sie zu einem Gehänge werden.

**Engel und Zwerge**
Dieser Goldschmuck ist eine lustige Dekoration für das Fenster und später für den Weihnachtsbaum. Man macht ihn aus weißem Papier, Goldpapier und etwas rotem Seidenpapier. Auf Seite 50 findest du die Bastelanleitung sowie auf Seite 51 die Schnittschablonen für die Figuren und Verzierungen.

**Bastelanleitung zu „Mausetreppe"** (Seite 48)
Aus zwei gleichlangen 2 bis 3 cm breiten Papierstreifen wird die Mausetreppe gefaltet. Zuerst legt man die Enden der Streifen so aufeinander, daß sie einen rechten Winkel bilden, und klebt sie mit einem Tupfer fest (1). Dann faltet man den unteren Streifen von links nach rechts über den daraufliegenden (2) und den nun unten liegenden senkrecht über den zuvor gefalteten (3). So faltet man weiter – jeweils den unteren Streifen über den nächsten, einmal waagrecht, einmal senkrecht, bis ein kleines quadratisches Päckchen entstanden ist, dessen Enden man aufeinanderklebt. In ein quadratisches Stück Karton knotet man durch ein Mittelloch eine Aufhängeschlaufe und klebt den Karton auf das gefaltete Päckchen (4). Hängt man es nun auf, zieht sich das Papier zu einer Mausetreppe auseinander.

**Bastelanleitung zu „Engel und Zwerge"**
**Engel:** Nach Schnittmuster A wird der Körper aus Zeichenkarton ausgeschnitten. Die markierten Stellen für Augen, Mund und Nase werden übertragen und den Formen entsprechend aus Goldpapier ausgeschnitten und aufgeklebt. Nun werden zwei Stücke Goldpapier, je 15 x 17 cm groß, mit den Goldseiten nach außen aufeinandergeklebt und in Längsrichtung gefaltet. Man schneidet sie wie Schablone B aus. Dieser Teil bildet Flügel und Haarkranz des Engels und wird entsprechend hinter den Papierengel geklebt. Nach Form D schneidet man Goldherzen aus und klebt sie auf die Flügel. Aus rotem Seidenpapier werden Apfelbäckchen gemacht. Der kleine Engel, der auf dem Kleid des großen klebt, wird der Vorlage entsprechend aus Goldpapier geschnitten (die dunklen Teile auf der Zeichnung sind das Goldpapier, die hellen fallen heraus). Die Haare für den kleinen Engel schneidet man nach Muster C.

**Zwerg:** Nach Schnittmuster E wird der Körper aus weißem Karton ausgeschnitten. Die aufgezeichneten Ornamente müssen viermal aus Goldpapier ausgeschnitten werden, nämlich für beide Arme und beide Beine vorne und hinten je einmal. Lediglich das mittlere Ornament (halb gezeichnet) braucht nur einmal für die Körper-Rückseite da zu sein. Alle Goldverzierungen werden anschließend festgeklebt. Aus rotem Seidenpapier werden zwei Teile für die Mütze ausgeschnitten, ein Teil wird auf die Kopfrückseite geklebt. Nach Teil F schneidet man (hier nur halb gezeichnet) aus Karton Kopf und Mütze noch einmal aus. Die dunklen Teile (Nase und Mund) werden herausgeschnitten. Die Augen werden mit Seidenpapierpunkten markiert. Aus zwei mit den Goldseiten nach außen zusammengeklebten Goldpapierstücken wird Teil I ausgeschnitten und auf die Vorderseite von Teil E so geklebt, daß die Mützenlinie mit der punktierten Linie übereinstimmt. Darauf klebt man dann Teil F mit dem Gesicht. Nun kann man auch den zweiten roten Mützenteil aufkleben. Auf den Mützenrand kommen die Goldpapierlocken, die man nach Schnitt H ausschneidet. Teil G, aus Goldpapier ausgeschnitten, kommt auf den Zwergenbauch. Zum Schluß klebt man Goldpapierhände nach Muster J an die Arme und ein kleines rotes Mützchen auf den winzigen Zwergenkopf in der Mitte.

E
F
G
H
A
J
I
C
D
B

BIRGIT
FREDERIK
JANINA
ELSA
CLIFFORD
KJELL
MARI ANNE
OLE
CLAUS
LONE
PER
GRETE
KAREN
STEEN
TOM
KNUD
KELD
GUY
NANNA
HENNING
WILLY
MUSSE
Søren
JACOB
CHRISTIAN
PETER
HELLE
ERIK
FRITZ
HANNE
METTE

**Beerenkränzchen**
Zart und doch fröhlich wirken diese Ringe mit den roten und grünen Perlen. Den Ring kann man selbst aus Draht biegen (um einen runden Behälter legen und die Enden mit einer spitzen Zange zusammendrehen) oder einen fertigen Ring kaufen. Auch die Holzperlen kann man in Bastelgeschäften kaufen, aber billiger sind fertige Papierkugeln, die nur noch bemalt und eventuell lackiert werden müssen. Bei den bereits durchbohrten Perlen schiebt man jeweils ein kurzes Stück Draht hindurch, biegt ein Ende um, damit die Perle nicht abrutscht, und windet das andere Ende ein paarmal um den Ring. Die Papierperlen steckt man einfach auf das Drahtende.

**Pfefferkuchen-Anhänger**
Fast zu schön zum Aufessen sind diese kleinen Pfefferkuchen. Man backt sie aus dem gleichen Teig wie die Lebkuchen von Seite 10/11 (Rezept steht auf Seite 12) und verziert sie mit Zuckerglasur. Man kann dabei die verschiedensten Motive auswählen, sogar richtige kleine Bildchen „malen". Die Pfefferkuchen auf dem Foto hier tragen alle einen Namen, denn sie schmückten den Weihnachtsbaum eines Kindergartens – und nach der Weihnachtsfeier durfte sich jedes Kind seinen Pfefferkuchen pflücken. Aber auch beim Weihnachtsabend im Familienkreis sind solche liebevoll für jeden angefertigten Anhänger eine freudige Überraschung.

**Goldvögel im Goldregen**
Sie können als Schmuck direkt im Weihnachtsbaum oder als weihnachtliches Mobile an einem rotbemalten Holzstab hängen, der seinen Platz vor dem Fenster oder in einem Türrahmen hat. Der Goldregen besteht aus je zwei zusammengeklebten gleichgroßen Goldpapierkreisen, zwischen denen der rote Faden verläuft. Die Goldvögel sind aus zwei Lagen Goldpapier und einer Zwischenlage Klarsichtfolie hergestellt. Schnittschablonen und Bastelanleitung dazu stehen auf Seite 54.

**Bastelanleitung zu „Goldvögel"**
(Seite 54)
Die obere Schablone (mit dem Flügelausschnitt im Körper) wird zweimal aus Goldpapier ausgeschnitten. Achtung: Ist das Papier nur auf einer Seite golden, muß man den Schnitt so auflegen, daß der Schnabel des Tieres einmal nach rechts und einmal nach links zeigt. Nun wird nach der anderen Schablone (mit Hahnenkamm) eine Klarsichtfolie zugeschnitten und zwischen die beiden Goldfiguren geklebt. Der Kamm sollte überstehen. Kamm und durchsichtiger Flügelausschnitt werden nun mit Perlen, Pailletten und Flitter beklebt. Dann malt oder ritzt man noch Muster auf das Goldpapier und markiert Schnabelansatz und Augen. Wer keine Klarsichtfolie hat, kann auch Seidenpapier nehmen, das dann mit anderem Seidenpapier verziert werden kann. In diesem Fall klebt man Perlen und Pailletten rund um die Flügelausschnitte auf das Goldpapier.